PE. EVALDO CÉSAR DE SOUZA, C.SS.R.

OS SETE SACRAMENTOS

em 49 pensamentos

Guia rápido de conhecimento dos sinais do amor de Deus para nossa vida cristã

EDITORA
SANTUÁRIO

DIREÇÃO EDITORIAL:
Edvaldo Manoel Araújo, C.Ss.R.

COORDENAÇÃO EDITORIAL:
Ana Lúcia de Castro Leite

COPIDESQUE:
Luana Galvão

REVISÃO:
Sofia Machado

DIAGRAMAÇÃO E CAPA:
José Antonio dos Santos Junior

Dados Internacionais de Catalogação na Publicação (CIP)
de acordo com ISBD

P172s Souza, Evaldo César de

Os 7 sacramentos em 49 pensamentos: guia rápido de conhecimento dos sinais do amor de Deus para nossa vida cristã / Evaldo César de Souza. - Aparecida : Editora Santuário, 2024.
80 p. ; 11cm x 15cm

ISBN: 978-65-5527-462-2

1. Religião. 2. Cristianismo. 3. Sacramentos. 4. Igreja. 5. Batismo. 6. Crisma. 7. Matrimônio. I. Título

2024-3586 CDD 240
CDU 24

Elaborado por Vagner Rodolfo da Silva - CRB-8/9410

Índice para catálogo sistemático:
1. Religião : Cristianismo 240
2. Religião : Cristianismo 24

1ª impressão

Rua Pe. Claro Monteiro, 342 – 12570-045 – Aparecida-SP
Tel.: 12 3104-2000 – Televendas: 0800 016 00 04
www.editorasantuario.com.br
vendas@editorasantuario.com.br

*"Os Sacramentos, sobretudo a
Confissão e a Eucaristia,
são lugares privilegiados de encontro
com Cristo."*

Papa Francisco

SUMÁRIO

APRESENTAÇÃO

Um sacramento, que se celebra por meio de sinais visíveis, é a manifestação invisível da graça de Deus. Em um sinal sacramental, Ele se faz verdadeiramente presente por intermédio do Filho e do Espírito Santo; entretanto nossos sentidos percebem apenas os meios materiais pelos quais a graça de Deus acontece em nossa vida.

Os sete sacramentos da Igreja, instituídos por Jesus e alicerçados na Palavra, são o batismo, a confirmação, a eucaristia, a unção dos enfermos, a ordem e o matrimônio. Eles dividem--se em três grupos: sacramentos de iniciação cristã (Batismo, Confirmação e Eucaristia), sacramentos de cura (Reconciliação ou Sacramento da Penitência e Unção dos Enfermos) e sacramentos ao serviço da comunhão (Ordem e Matrimônio).

Muitas pessoas procuram o padre para saber mais sobre os sacramentos e sobre os efeitos que eles produzem na vida de uma pessoa. Outros, mesmo católicos, não têm quase noção nenhuma da força espiritual desses sinais sagrados deixados para a Igreja pelo próprio Jesus. Há ainda os que, na vida religiosa, até conhecem os sacramentos, mas não lhes dão a devida atenção, a fim de terem uma formação cristã mais substancial e verdadeira.

Pensando nisso e para facilitar a compreensão desse tema, este livreto apresenta os sete sacramentos de uma forma simples, didática e muito fácil de serem compreendidos, pelo menos em sua essência. Não é um tratado sobre sacramentos, mas é uma "espécie" de catequese. Cada sacramento vem apresentado por meio de sete reflexões! Assim, teremos *49 pensamentos* para nos apresentar o básico dos *sete sacramentos*!

Para os mais entendidos, a leveza do texto os ajudará a fortalecer argumentos para espalhar esse conhecimento da fé; para os iniciantes será boa ocasião para tomar conhecimento do tema e promover a curiosidade em busca de leituras mais profundas; para catequistas é um material simples para os encontros com adolescentes e jovens! E para você? Ah, se você está com este livro nas mãos, é porque quer aprender mais e amar mais os sacramentos da Igreja católica.

Uma boa leitura!

Padre Evaldo César de Souza
Missionário Redentorista

PRIMEIRO

O Batismo

1. Batismo... Batizar significa mergulhar na água. Quem é batizado é imerso na água, para morrer para o pecado, ressurgir como criatura nova em Cristo. Por isso a Igreja sempre entendeu o batismo como um nascimento para a vida da graça, em Jesus Cristo, na comunidade Igreja, "pois quem não nasce do alto não pode entrar no Reino de Deus" (Jo 3,3). O batizado tem sua culpa lavada pela graça de Deus e, imerso no Espírito Santo, começa sua vida como parte integrante das promessas de redenção deixadas por Jesus para sua Igreja. O batizado se torna "filho da luz" (Ef 5,8-9), incorporado e santificado em Cristo (Rm 6,1-23).

2. Batismo... A Igreja entende, inspirada pelas prefigurações da Antiga Aliança, que as águas do batismo são verdadeiramente libertadoras dos pecados. Assim como a humanidade foi purificada pelas águas do dilúvio e o povo de Deus libertou-se da escravidão atravessando as águas do Mar Vermelho, o mergulho nas águas do batismo é agora o sinal da libertação plena de nossa vida. Jesus, quando foi mergulhado no Rio Jordão por João Batista, elevou o mergulho batismal à qualidade de sacramento. Desde então, todos os que desejam seguir o Mestre de Nazaré precisam necessariamente ser lavados do pecado pelo batismo e assumir as alegrias e a responsabilidade que vêm desse mergulho purificador!

3. Batismo... A Igreja administra o batismo aos que desejam ser cristãos desde os primeiros momentos pós-pascais, sempre mergulhando em água o homem ou a mulher que desejam ser discípulos de Jesus. O batismo exige a presença da água e a pronúncia clara e consciente das palavras "eu te batizo em nome do

Pai, do Filho e do Espírito Santo". A pessoa pode ser mergulhada totalmente na água ou apenas recebê-la derramada sobre a cabeça. Ao ser batizada, é perdoada do pecado original e recebe sua identidade como cidadã do Reino de Deus. O batismo, como compreendido pela Igreja, é recebido somente uma vez na vida, pois imprime um caráter indelével. Não existe possibilidade de rebatizar uma pessoa ou tirar dela o batismo recebido!

4. Batismo... A Igreja o reconhece como necessário para a salvação dos que creem. Todos os que conhecem o evangelho devem procurá-lo. Ela também sabe que Cristo Jesus morreu para a salvação de todos, por isso os que se preparam para o batismo e morrem antes de serem batizados podem ser salvos, assim como os que não são batizados, mas vivem de modo digno e fraterno, buscando sinceramente o amor de Deus. Quando as crianças e outros inocentes morrem sem o batismo, a Igreja entende que morrem na presença e na misericórdia infinita de Deus, que jamais os abandonará. O importante é saber que o batismo é sinal do seguimento de Jesus na Igreja por Ele fundada.

5. Batismo... Ainda que a tradição das origens nos mostre que o batismo era um sacramento destinado para adultos, a Igreja nunca excluiu a possibilidade de batizar crianças. Com o tempo, o costume de introduzi-las na fé tornou-se sinal fecundo do crescimento da Igreja pelo mundo. A criança é sempre batizada na fé dos adultos, por isso a necessidade absoluta dos tutores espirituais chamados padrinhos! Para o batismo a Igreja exorta e exige que eles tenham vida cristã ativa e exemplar, uma vez que irão ajudar na educação da fé de seu afilhado. Os adultos que, por alguma razão, não receberam o batismo se tornam catecúmenos e, devidamente preparados, recebem os sacramentos da iniciação cristã: Batismo, Crisma e Eucaristia.

6. Batismo... Os ministros ordinários do batismo são os pastores ordenados, bispos, presbíteros e diáconos. Onde existem diáconos seja dado a eles a prioridade no batismo, como sinal do exercício do ministério diaconal. Mas, em casos de urgência, como risco de morte da criança ou do adulto não batizado, qualquer pessoa pode realizar o batismo, derramando água e pronunciando a fórmula trinitária do sacramento. Caso passe o perigo, e a vida seja conservada, imediatamente deve-se comunicar à Igreja que o batismo foi realizado em circunstâncias excepcionais para que seja feito o registro do ato batismal. Para a recepção dos outros sacramentos, na Igreja, é necessário ser batizado, por isso a importância do registro formal do batismo. Aliás, você sabe em que dia foi batizado?

7. Batismo... Enfim, o batismo é a porta que nos leva ao encontro das graças de Jesus Cristo, tornando-nos membros da Igreja e cidadãos do Céu. Sacramento essencial para a vida de todos os que desejam ser seguidores de Jesus, ele nos marca definitivamente, na vida e na morte, com 7x1 o sinal redentor de Jesus, o Filho de Deus. Nele recebemos a força santificadora do Espírito Santo, a capacidade de desenvolver os dons espirituais para nossa própria santificação e para a santificação de nossa comunidade. O batismo é o sacramento da comunidade igreja, e por ele somos mergulhados definitivamente no amor de Deus. Renove seu batismo, dizendo: “Senhor, renove em mim a força espiritual de meu batismo. Amém!”

SEGUNDO

A Confirmação

1. Confirmação ou Crisma... A Igreja sempre assumiu a unção do Espírito Santo como a força divina, que impulsiona o cristão no crescimento e na perseverança da fé. Apoiada nas palavras de Jesus, a Igreja está alicerçada na graça do Espírito, que revela continuamente a totalidade do amor de Deus pela humanidade. Oferecido à Igreja no dia de Pentecostes, o fogo do Espírito é continuamente derramado sobre todos os fiéis da Igreja. O Sacramento da confirmação, também chamado de crisma, por se tratar de uma unção com o óleo consagrado, é o momento em que o cristão, na maturidade da existência humana, confirma seu desejo de fé de seguir pela vida como discípulo de Jesus Cristo, amparado pela graça e pelos dons do Espírito Santo.

2. Confirmação ou Crisma... A Crisma é oferecida pela Igreja por meio da unção da imposição das mãos do bispo ou de outro ministro por ele delegado, que unge com o óleo consagrado e perfumado com bálsamo a fronte do crismando, pronunciando as seguintes palavras:

"Recebe, por este sinal, o dom do Espírito Santo". A confirmação, como o nome já deixa claro, é o momento da plenitude da unção espiritual, a maturidade da fé, o fortalecimento da graça batismal. A crisma nos enraíza mais profundamente em Jesus Cristo, no amor a sua Igreja e nos leva a desenvolver, com mais intensidade, os dons espirituais em nossa vida.

3. Confirmação ou Crisma... Assim como o batismo, a confirmação é oferecida apenas uma vez a quem já foi batizado. Lembre-se sempre de que, sem o sacramento do batismo, nenhum outro pode ser administrado. O batismo é a porta, e a confirmação é a permanência dentro do corpo místico de Jesus Cristo, que é sua Igreja. É de muito valor simbólico e pastoral que a Crisma seja ministrada pelo bispo local, pois transparece com isso a união da Igreja com seu pastor em Cristo Jesus. Mas, por razões pastorais, muitas vezes, o bispo confere a um presbítero a capacidade de administrá-la. Você recebeu o sacramento da Crisma? Lembra-se se foi o bispo que crismou você?

4. Confirmação ou Crisma... Um dos gestos que marcam esse sacramento é a imposição das mãos. Esse gestual remete-nos à Sagrada Escritura, que testemunha, muitas vezes, que, pela imposição das mãos, Deus realiza suas maravilhas. O próprio

Jesus fez uso desse gesto maravilhoso muitas vezes, impondo as mãos sobre os doentes e marginalizados. São Paulo, o grande apóstolo, refere-se à imposição das mãos como gesto complementar do batismo. Ao consentirem essa imposição, os batizados permitem que os dons do espírito fluíssem com mais vigor e intensidade em favor da comunidade. Também Pedro e João, estando na Samaria, impõem as mãos sobre os batizados para que eles recebam a plenitude do Espírito Santo de Deus.

5. Confirmação ou Crisma... Além da imposição das mãos, o sacramento da crisma é visível a nossos olhos pela unção com o óleo consagrado e perfumado com bálsamo. Anualmente, durante uma celebração da unidade do clero, que acontece normalmente durante a Semana Santa, o bispo recebe óleo, prepara-o delicadamente, derramando o bálsamo, e o consagra publicamente. O óleo do santo crisma irradia a força da alegria, da perseverança, da consolação na hora da dor, da cura e salvação e da animação missionária na Igreja. Assim como os apóstolos um dia ungiram os novos convertidos para a fé cristã, seus sucessores, os bispos, visitam as paróquias e realizam, nas comunidades locais, o ritual litúrgico da unção com o óleo do Crisma.

6. Confirmação ou Crisma... O sacramento da Crisma fortalece e renova em nós os dons do Espírito Santo. Temos sete dons principais, dos quais derivam muitas outras qualidades espirituais: Sabedoria, Entendimento, Ciência, Fortaleza, Piedade, Conselho e Temor de Deus. Todos nós temos esses dons desde nosso Batismo, mas a Crisma os aprofunda e os fortalece, pois nos aproxima ainda mais de Cristo e da comunidade Católica. Pensemos na crisma como um jogo de equipe. Podemos até ter bons resultados nos primeiros jogos, mas o crescimento e entrosamento da equipe vão garantir sucessos e vitórias ainda maiores. O batismo nos apresenta ao jogo da fé, e a crisma é o treinamento progressivo para que sejamos missionários santos e dedicados à Igreja de Jesus Cristo.

7. Confirmação ou Crisma... Para ser crismado, você deve escolher um padrinho ou uma madrinha para orientá-lo durante o processo. Essa pessoa é um grande exemplo do que significa ser católico. Ela reza por você e fornece um sistema de apoio para sua fé. A crisma certamente o torna mais bem equipado para lidar com a vida como cristão, mas isso não significa que as coisas sempre serão fáceis. Durante os momentos mais difíceis, não se esqueça de seu padrinho ou sua madrinha. Esse costume de ter um tutor espiritual, seja no batismo, seja na Crisma, mostra que a Igreja entende que a vida da fé exige relacionamentos e apoio mútuo e que ninguém sozinho será capaz de enfrentar os desafios da exigente missão de ser discípulo de Jesus Cristo. Você que já foi crismado valorize seu padrinho ou sua madrinha de Crisma; reze hoje por ele ou por ela!

TERCEIRO

A Eucaristia

1. Eucaristia... o sacramento da Eucaristia, ou a comunhão do Corpo e Sangue de Jesus Cristo, é a fonte e o ápice da vida da Igreja; é uma grande ação de graças! Ela nos recorda a paixão, morte e ressurreição de Jesus e une a Igreja pelo vínculo da unidade e da fraternidade. O banquete pascal, em cada santa missa, prefigura a grande festa da redenção preparada para todos os homens e todas as mulheres de boa vontade. A Eucaristia é tanto a liturgia da missa quanto o banquete do pão e vinho, convertidos, pela ação do Espírito Santo, no Corpo e Sangue de Cristo. Por isso podemos dizer que participamos da Eucaristia, quando vamos à santa missa, e que comungamos a Eucaristia, quando nos aproximamos do altar para receber a hóstia consagrada.

2. Eucaristia... o sacramento da comunhão do Corpo e Sangue de Cristo foi por ele mesmo instituído durante a última ceia com seus apóstolos. Ali, no cenáculo, Jesus tomou o pão, o vinho e literalmente os consagrou perpetuamente como sinal vivo de seu Corpo e de seu Sangue. Por isso a Eucaristia é a Páscoa cristã, pois o Cristo Ressuscitado mantém sua presença entre nós pela partilha e comunhão de seu Corpo e seu Sangue. Ainda que de modo passageiro e efêmero, a santa missa da qual participamos é uma antecipação espiritual da grande comunhão com Jesus Cristo, que nos aguarda definitivamente no reino dos Céus.

3. Eucaristia... chamada também de santa missa, ceia do Senhor, Memorial da Paixão, ou santa comunhão, recorda a grandeza de Deus, que quer permanecer continuamente ao lado de seu povo. Assim como, na Antiga Aliança, Ele "caminhou" com o povo em busca da terra prometida, agora, presencialmente no Filho Jesus Cristo, caminha conosco rumo ao Reino dos Céus. Quando celebramos a santa missa, estamos realizando um gesto memorial, ou seja, atualizamos as promessas de Jesus de estar a nosso lado todos os dias, até o fim dos tempos. Nela recordamos a doação na cruz, o sacrifício de amor e entendemos que ela é a contínua doação da presença divina pela redenção de toda a humanidade.

4. Eucaristia... o ritual litúrgico, por meio do qual a Igreja faz memória do sacrifício amoroso de Jesus pela humanidade, é comumente chamado de santa missa ou eucaristia. A missa contém duas partes principais:

a mesa da Palavra, na qual ouvimos Deus dialogar conosco e nos abraçar por meio de seus ensinamentos, e a mesa da eucaristia. A mesa da comunhão reúne nossos dons e trabalhos nas espécies do pão e do vinho. Por meio da ação do Espírito Santo, esses dons são elevados aos Céus e se tornam verdadeiramente o Corpo e o Sangue de Jesus. A Igreja usa a palavra transubstanciação para se referir ao misterioso momento em que Cristo se faz, Ele mesmo, presente no meio de nós.

5. Eucaristia... depois de consagradas na santa missa, todas as partículas passam a ser o único corpo de Cristo, indivisível. Essa presença permanece enquanto as partículas existirem, por isso a Igreja mantém sacrários, onde se conservam as reservas eucarísticas, especialmente para atender doentes e casos de urgência. Um sacrário não pode ser depósito de hóstias consagradas. Em relação à Eucaristia, o fiel cristão é convidado a prestar um culto de adoração, pois Deus mesmo está presente nas espécies que foram consagradas. Por isso, na missa, comungamos o Cristo vivo com toda a devoção e também podemos, fora dela, prestar adoração pessoal ou comunitária, na certeza de que somos agraciados sempre por Jesus, o pão do Céu!

6. Eucaristia... para recebê-la, o cristão passa por um período de preparação na catequese, que nada mais é do que a transmissão da experiência de fé entre as gerações. Geralmente, faz-se uma solene missa para a primeira eucaristia, e, a partir desse momento, cada cristão deve promover o crescimento de sua vida de fé e adesão à Igreja. Esta exorta que todos os batizados participem da santa missa aos domingos e recebam a comunhão, estando livres de pecados graves. É mandamento da Igreja comungar ao menos na Páscoa, uma vez ao ano, pois isso é o mínimo do mínimo que se pede de alguém que queira seguir Jesus. Mas o discípulo que compreende o valor da comunhão certamente vai buscar Jesus com muita mais frequência em sua vida; alguns inclusive descobrem a beleza da comunhão diária.

7. O sacramento da Eucaristia, que santifica o cristão pela comunhão do Corpo e Sangue de Jesus, acontece com a presença dos elementos pão e vinho, frutos da terra e do trabalho humano. Veja que Deus cria os frutos, o trigo e a uva, e o homem os transforma em dons. Há uma profunda relação de amor entre o Céu e a terra, quando se reza a santa missa. A invocação do Espírito Santo, com a pronúncia das mesmas palavras que Jesus usou na última ceia, com a consciência de estar realizando o memorial de amor do Cristo, são os sinais visíveis da consagração do Pão e do Vinho, que nos tornam possível comungar o Corpo e o Sangue de Jesus, recebendo dele e nele o penhor da santidade e da vida plena!

QUARTO

A Penitência

1. Reconciliação... Jesus perdoava os pecados pela força do Espírito Santo. Essa capacidade era sinal de sua divindade, pois somente Deus é capaz de nos perdoar. A comunidade cristã sempre acreditou e ensinou essa verdade. Aos doentes e oprimidos Jesus não somente levava a recuperação física, mas também providenciava, pela Graça de Deus, o perdão de todas as faltas. Em uma palavra: Jesus é capaz de perdoar nossos pecados. São muitas as passagens do Evangelho nas quais Ele resgata homens e mulheres: Maria Madalena, Zaqueu, o ladrão que morria ao lado dele na cruz! Ele não coloca limites ao perdão, apenas espera que o coração humano seja capaz de acolher a Graça de Deus. E com sua morte e ressurreição, o Cristo delegou à Igreja a tarefa de perdoar em seu nome.

2. Reconciliação... O perdão dos pecados é prerrogativa exclusiva de Deus em Jesus Cristo, nosso Redentor. Entretanto Jesus quis contar com a comunidade para o auxiliar na tarefa de perpetuar na História sua presença redentora, por isso nos deixou sacramentos, sinais de sua permanente presença no meio de nós. A Igreja, na pessoa de seus ministros ordenados, entende, apoiada nas palavras de Jesus, que tem a responsabilidade e a alegria de ser portadora desse perdão. Afinal ele acenou de modo inequívoco: "Tudo o que ligardes na terra será ligado nos céus" (Mt 16,18-19) e ainda disse aos apóstolos: "Recebei o Espírito Santo e aqueles a quem perdoarem serão perdoados" (Jo 20,22-23). Quem perdoa é sempre Jesus Cristo, mas ele o faz humanamente com a mediação de seus discípulos na Santa Igreja!

3. Reconciliação... Jesus institui o sacramento do perdão quando pede a seus discípulos que perdoem os pecados dos que desejam seguir o caminho da vida e do amor. Por isso a confissão sacramental não é uma simples conversa com o padre, ou um desabafo de problemas da vida, mas sim a séria e honesta declaração das fraquezas e dos erros, a qual culmina com a absolvição completa de todas as ofensas mediante a ação do Espírito Santo. Pela graça sacramental, seguindo os ritos estabelecidos e presentes os elementos exigidos pelo sacramento, o penitente abandona o velho homem, renasce na graça e recomeça a caminhada rumo à construção de sua santidade. Não há limites para o perdão. O perdão sacramental pode e deve ser oferecido sempre que for solicitado pelo penitente.

4. Reconciliação... Todos os sete sacramentos da Igreja precisam ser vividos e celebrados com a presença de três elementos indissociáveis: matéria, forma e ministro. No sacramento do perdão, temos como matéria a dor causada pelo pecado, o ato da acusação das culpas e a aceitação da penitência. A forma do sacramento do perdão está expressa nas palavras da absolvição ditas ao fim da confissão, sobretudo a frase "Eu te absolvo de todos os teus pecados, em nome do Pai, do Filho e de Espírito Santo".

O ministro desse sacramento é o bispo ou padre, legitimamente delegado para acolher o penitente em nome de Jesus Cristo.

5. Reconciliação... A confissão sacramental não se resume a sentar-se diante do padre para confessar os pecados. O primeiro passo é tomar consciência do pecado feito e arrepender-se de tê-lo praticado. Para tanto, um prévio e detalhado exame de consciência, em que visitamos nosso interior, é necessário e salutar! Somente então o penitente é acolhido no lugar apropriado para a confissão, em que, na liberdade, conta seus pecados da maneira mais clara possível. É preciso dizer os pecados sem medo ou vergonha, sem querer que o padre os descubra. Depois o sacerdote reza a fórmula sacramental da absolvição e aplica a penitência, que deve ser vivida com contrição e alegria. No fim, tudo é graça de Deus sobre seu povo!

6. Reconciliação... Um pecado é chamado de mortal quando é uma grave desobediência ao amor de Deus. Isso significa que, com o pecado mortal, perdemos a graça santificante de Deus e corremos o risco de afundarmos no escuro absoluto da ausência do amor, que chamamos de inferno. Somente a confissão aplaca os pecados mortais. Mas, quando cometemos algum ato brando de desobediência à Lei Divina, ou contra as leis da Igreja e da sociedade, cometemos um pecado venial, ou seja, uma infração moral que não interrompe a graça santificante de Deus, mas que precisa ser sanada para não se tornar, com o tempo, matéria de pecado grave. De qualquer modo, um cristão convicto de sua fé sempre busca confessar seus pecados!

7. Reconciliação... A Santa Igreja obriga o sigilo absoluto das matérias de confissão, não havendo nenhuma exceção. O confessor não pode, em hipótese alguma, divulgar a ninguém o que ouviu no confessionário, sob penas canônicas rígidas. O sigilo refere-se exclusivamente ao conteúdo do que foi confessado, e não ao comportamento do penitente. O confessor não pode interpelar o penitente, após a absolvição, acerca do pecado confessado, a não ser que o penitente volte ao assunto. Reconhece-se que, por vezes, temas de confissão, sem que se deixe reconhecer o penitente, possam ser usados em pregações para admoestar o povo de Deus e servir de exemplo para a construção de uma comunidade mais santa.

QUINTO

A Unção dos Enfermos

1. Unção dos Enfermos... esse sacramento se estabelece para que sejam dados aos doentes e fragilizados um bálsamo de esperança e a possibilidade da cura. Jesus tinha carinho e atenção especial para com os doentes; sua misericórdia o aproximava dos sofredores, e seu toque curava os doentes. As curas realizadas por

Jesus mostram a irrupção do Reino de Deus no mundo, pois agora é dado aos doentes e sofredores a possibilidade de unir suas dores à compaixão de Jesus Cristo. Com isso o sofrimento, que poderia ser somente causa de desespero e tristeza, converte-se, para quem tem fé, em um caminho de conversão e de manifestação da glória de Deus.

2. Unção dos Enfermos... a Igreja, herdeira e dispensadora das graças de Jesus Cristo, acolhe com especial atenção o cuidado com os doentes e, unida a Cristo, faz do sacramento da unção dos enfermos um momento ímpar de acolhida, perdão e cura. A oração pelo doente e a unção com o sagrado óleo são o toque do amor de Deus sobre os doentes, idosos e fragilizados. A Unção é a expressão do mesmo amor que Jesus tinha com os doentes. Desde o início, a comunidade cristã unge-os, para promover a cura e a libertação dos pecados. São Tiago, em sua carta, deixa claro que "se alguém de vós estiver doente, mande chamar o presbítero da Igreja, para que ore sobre o doente e que ele seja ungido com óleo em nome do Senhor" (Tg 5,14).

3. Unção dos Enfermos... por muito tempo chamada de extrema-unção, acabou entrando no imaginário cristão como o sinal que marcaria a morte da pessoa. Mas a teologia sacramental, atualizada e renovada, ensina e insiste que esse sacramento não é sinal de morte, senão de cura, de esperança e de vida. Por isso não somente os moribundos, mas todos os que enfrentam doenças graves, tratamentos médicos longos, os idosos, ainda que não estejam doentes, podem e devem receber o sacramento da unção. Esta pode ser administrada sempre que houver sinais de fraqueza física.

4. Unção dos Enfermos... sendo um sacramento da Igreja, é administrada sempre pelo bispo ou pelo padre, ministros ordinários da unção sacramental. Todo e qualquer batizado, que enfrente alguma doença ou que esteja em situação de risco de morte, pode solicitar a unção e tem o direito de recebê-la. Recorde-se que, sendo um sacramento, só é dada para quem foi batizado. A celebração da unção segue um pequeno ritual, com a leitura da palavra, o convite à conversão dos pecados e a unção com o óleo dos enfermos, na fronte e nas mãos do doente, seguida de uma oração feita especialmente para a administração desse sinal sagrado.

5. Unção dos Enfermos... esse sacramento une os doentes com a comunidade à qual eles pertencem. A figura do padre, que vai até o doente, é a imagem viva do Cristo, que buscou curar todas as pessoas e manifesta o carinho e o respeito que a comunidade tem para com seus doentes e idosos. Ao ser ungido, o doente recebe uma graça particular do Espírito Santo de Deus, conformando-o ainda mais com a Paixão de Jesus Cristo e oferecendo a ele conforto espiritual e coragem para enfrentar o momento de fragilidade física. Para aqueles doentes que não possuem mais condições de se confessarem, a unção também perdoa todos os seus pecados.

6. Unção dos Enfermos... ainda que a unção seja um sacramento de cura e de libertação, não significa necessariamente que a pessoa ungida terá sua saúde restabelecida e não quer dizer, também, que aquela pessoa ungida que não se curou não teve fé. Se assim fosse, diríamos que Jesus não tinha fé, pois ele também sofreu muito e morreu. A unção oferece o que podemos chamar de conforto espiritual, capacidade de suportar as dores e de oferecê-las com Cristo ao altar da cruz. Recordemos São Paulo que nos ensina que, na fraqueza, somos fortes em Deus. O sofrimento humano, inexplicável e dolorido, só tem sentido em Cristo Jesus, e a unção nos ajuda a entender esse mistério de fé. Ela verdadeiramente nos prepara para a eternidade feliz!

7. Unção dos Enfermos... com ela, a Igreja ensina e exorta que seja oferecido aos doentes, especialmente àqueles em situação iminente de morte, a sagrada eucaristia, chamada, nesse caso extremo, de viático, isto é, a última santa comunhão que o cristão fará, que será para ele semente de eternidade e garantia de "caminhar" seguramente para o colo amoroso de Deus Pai. A palavra viático recorda-nos a via, a estrada, o caminho, que teremos de percorrer pela última vez, antes de nos debruçarmos amorosamente no coração bendito e misericordioso de Jesus Cristo.

SEXTO

A Ordem

1. Ordem... na lista dos sete sacramentos, dois deles são chamados de sacramentos da missão eclesial, a ordem e o matrimônio, sinais sagrados que colaboram com a santificação da comunidade dos filhos de Deus. Enquanto o matrimônio se refere à família e à continuidade do Povo de Deus, a Ordem destina-se à condução espiritual e ritual da comunidade. Falemos primeiramente da Ordem. Ordenados são os homens que, respondendo a uma vocação específica e sendo acolhidos pela Igreja depois de um processo de formação, tornam-se diáconos, presbíteros ou bispos, de acordo com o grau conferido a cada um deles. O sacramento da Ordem é o único que tem essa tripla progressão. O grau da ordem por excelência é o episcopado, ou seja, aquele conferido à Igreja para quem foi escolhido para ser bispo.

2. Ordem... o sacramento da Ordem refere-se àquele chamado original que o próprio Jesus Cristo fez a seus doze apóstolos, de modo que todos os bispos que mantêm sua ligação legítima com a Igreja são chamados de sucessores apostólicos. Assim, a continuidade da missão dos apóstolos segue ininterrupta desde os primeiros tempos da formação da Igreja católica. O sacramento da Ordem é assim um sinal especial de consagração dentro da Igreja, por meio do qual o Espírito Santo confere dons particulares para que homens escolhidos dentro da comunidade sejam capazes de guiá-la pelos caminhos da história, sempre unida com Cristo e para Ele destinada. A Ordem confere uma autoridade que tem como papel servir o Povo de Deus.

3. Ordem... prefigurada na Antiga Aliança pelas figuras dos sacerdotes e dos Levitas, servidores do Templo, a Ordem recebe sua dignidade absoluta com o sacerdócio de Cristo, filho de Deus e único sacerdote da Nova e Eterna Aliança. Só Cristo é o verdadeiro sacerdote, e todos os outros recebem dele a autoridade de perpetuar a missão de pregar o reino de Deus. Somente porque Jesus Cristo quis e ordenou aos apóstolos que perpetuassem a missão, que é dele, a Igreja entende a missão dos ministros ordenados. A vocação ministerial ordenada é reflexo da única missão de Jesus Cristo, por isso mesmo os ministros ordenados são frutos da escolha da comunidade e nunca frutos de sua própria vontade ou escolha particular.

4. Ordem... como já dissemos, esse sacramento compõe-se de três graus: o diaconato, o presbiterado e o episcopado. A plenitude do sacramento da Ordem é o episcopado, ou seja, os bispos são verdadeiros sucessores dos apóstolos. Auxiliam os bispos os presbíteros, ou padres, que devem sempre estar unidos a um bispo, que a eles confere autoridade para exercer sua missão em uma Igreja particular. Os diáconos, primeiro grau da ordem, colaboram com a Igreja no serviço da liturgia e da administração de alguns sacramentos, como o batismo e o matrimônio, e podem ser temporários ou permanentes. Os diáconos permanentes podem, inclusive, ser homens casados, de boa índole e com disposição ao serviço da Igreja.

5. Ordem... todo bispo, legitimamente ordenado e constituído em autoridade pela Igreja, tem a função de ensinar, santificar e governar a Igreja particular que a ele é oferecida. Está sempre à frente de uma diocese, sua porção do Povo de Deus. Essa diocese, chamada Igreja Particular, é a expressão visível e concreta da Igreja Universal e Católica. Todas as dioceses do mundo, formando um só corpo, traduzem a unidade e a diversidade da Igreja católica. E assim como Pedro era o cabeça do colégio dos apóstolos, seu sucessor, o Papa, que também é o bispo de Roma, reúne em si essa dimensão simbólica e visível da unidade da fé. Por isso a Igreja reconhece a autoridade do Papa como aquele que, humanamente, faz o papel de vigário de Cristo na terra. Amar o Papa e escutar suas orientações mostra o amor que temos à Igreja, que nos acolhe.

6. Ordem... é um sacramento conferido pela Igreja por meio da imposição das mãos do bispo, da santa unção com óleo e com a oração da consagração, feita em celebração eucarística com caráter público. A principal tarefa do padre é presidir a santa eucaristia com o Povo de Deus e servir à comunidade naquilo que a Igreja pede, acolhendo os pecadores, visitando os doentes e exercendo o serviço da caridade. Para se ordenar um diácono ou um padre, exige-se a presença de um bispo legítimo da Igreja. Para se ordenar um bispo, exige-se um bispo ordenante principal e dois bispos ordenantes auxiliares, a fim de garantir a validade e legitimidade do sacramento. Somente um bispo pode conferir o sacramento da Ordem para um homem preparado pela Igreja para recebê-lo.

7. Ordem... na Igreja católica de rito romano, todos os bispos precisam ser celibatários, assim como os padres, que também decidem pela vida celibatária. Os diáconos, se forem permanentes, podem ser casados. Na Igreja Católica Oriental, admitem-se padres que já sejam casados. De qualquer modo, é tradição secular que padres não se casem para que possam melhor exercer seu ministério. Todo bispo, padre ou diácono jamais fala por si mesmo, mas sempre pelo Cristo, de quem recebeu o ministério. Assim a Igreja reconhece que o ministério ordenado se liga essencialmente a Jesus Cristo e existe por natureza para o serviço e para a santificação da Igreja e da comunidade dos fiéis. Enfim, ame, reze e agradeça a Deus os padres da Igreja.

SÉTIMO

O Matrimônio

1. Matrimônio... Deus, que é amor, criou homem e mulher para que, unidos pelos laços indissolúveis da aliança matrimonial, sejam no mundo o sinal concreto e vivo do amor que Cristo manifesta continuamente por seu povo, a Igreja. Ao se casar, homem e mulher se tornam uma só carne e são chamados a serem fecundos e felizes. Por isso os objetivos essenciais do casamento cristão são a comunhão íntima e o bem do casal, que visa à santidade mútua e à geração e educação cristã dos filhos que Deus, em sua bondade, conceder-lhes. Como sinal sacramental, o laço matrimonial é indissolúvel e se alimenta do amor e do perdão cotidianos.

2. Matrimônio... Jesus Cristo eleva à dignidade sacramental o amor humano, ao deixar claro que a união do homem e da mulher não deve ser rompida pelos caprichos humanos. Mas é bom compreender que a vocação para o matrimônio, graça de Deus, não é obrigação deixada a todos os homens e todas as mulheres, mas sim um chamado especial oferecido àqueles a quem Deus deseja. Como a vida sacerdotal e religiosa, o casamento cristão é compreendido no âmbito da vocação. Muito mais do que um impulso natural que atrai o masculino ao feminino, o matrimônio é uma aliança feita na liberdade e com desejo de ser mantida e perpetuada mesmo nos momentos conflitivos da vida. Casar-se, na Igreja, é um ato de amor e de responsabilidade com a fé.

3. Matrimônio... sendo uma decisão livre e madura, o casamento cristão tem sempre caráter público, sendo assistido por um sacerdote ou diácono, que representa a testemunha qualificada em nome da Igreja, e com a presença de testemunhas escolhidas pelos noivos, os padrinhos. Para que o casamento seja válido, é absolutamente necessário que os noivos expressem o consentimento mútuo, para assim viver a vida de casados. Quando o consentimento é feito sobre circunstâncias de opressão, engano, violência ou constrangimento, dos mais diversos tipos, fica-se em suspeição a validade do sacramento, o que abre margem para que ele possa ser declarado nulo no futuro.

4. Matrimônio... sendo uma graça sacramental, o ato lícito e válido do matrimônio cria entre os cônjuges um vínculo perpétuo e exclusivo, até que a morte os separe. Assim, o consentimento honesto, livre e o ato de consumação matrimonial, simbolizado na noite de núpcias, realizam um efeito de santificação contínua do casal. O próprio sacramento, vivido diariamente diante de Deus, oferece graça necessária para a superação dos conflitos e problemas que existem em todos os tipos de relacionamentos humanos. Mas a presença do Espírito Santo garante dons suficientes para que o casal, acertando e errando pelos caminhos da vida, cumpra com dignidade e amor sua caminhada matrimonial.

5. Matrimônio... como toda experiência humana, ainda que a graça sacramental auxilie a vida dos cônjuges, o pecado é sempre um mal que pode corromper a sagrada aliança do altar. No caso do casamento cristão, os principais pecados que maculam uma relação são o adultério, a infidelidade, a poligamia, a rejeição da fecundidade e o divórcio, que interrompe a graça recebida no altar. A Igreja admite que certas situações tornam o casamento impraticável, sobretudo em casos de violência explícita ou implícita entre os cônjuges, ou distúrbios incorrigíveis na relação. Mas, ainda assim, enquanto os cônjuges estão vivos, ainda que separados, o sacramento não se dissolve, e outro matrimônio não pode ser assumido, a não ser que haja a nulidade do primeiro casamento.

6. Matrimônio... a nulidade do matrimônio, possível e até desejável em algumas situações, não anula o sacramento, mas afirma que nunca houve um vínculo matrimonial consentido e válido. Declara-se nulo o casamento, e não anulado. Um tribunal eclesiástico competente existe para analisar os pedidos de nulidade que podem ser encaminhados diante da falência do relacionamento. Mas, nos casos em que o sacramento foi validamente realizado, ainda que situações graves causem sua dissolução, os cônjuges seguem unidos espiritualmente pelos laços do matrimônio, e não lhes é permitido, licitamente, ter outro relacionamento reconhecido publicamente como válido pela Igreja. Isso não quer dizer que a Igreja lhes fechou as portas.

7. Matrimônio... ainda que a segunda união não possa ser sacramentalmente celebrada na Igreja, a comunidade cristã jamais fecha as portas àqueles cuja experiência do primeiro casamento infelizmente não sucedeu de maneira positiva e integradora. Apoiada na Palavra, que preza a acolhida e a caridade, a comunidade-Igreja respeita e orienta os casais de segunda união para que possam, cada um a seu tempo, encontrar-se de modo maravilhoso com a graça de Deus. Convidados a serem participantes ativos, ouvintes e praticantes da Palavra, os casais de segunda união são parte integrante da comunidade, podem e devem oferecer o melhor de si para o crescimento da Igreja. Há, sem dúvida, casais de segunda união que são muito mais coerentes com a vida de fé do que muitos que mantêm um relacionamento matrimonial, muitas vezes, cercado de aparências.

Conclusão

A teologia sacramental da Igreja católica recolhe dos Evangelhos e da Tradição Apostólica os gestos e as palavras que, ao longo dos séculos, foram dando forma e vida aos momentos celebrativos da fé, unindo-se, antropologicamente, com as fases da vida do ser humano. Por isso não é demais afirmar que os sacramentos são trilhas da vida para um coração que ama Jesus Cristo.

Espero que você termine esta leitura um pouco mais consciente da força espiritual dos sacramentos.

Que esses sinais visíveis de amor não se apartem de seu cotidiano da fé. Deus nos ama, e os sinais desse amor estão em toda parte; inquestionavelmente estão presentes e atuantes nos sete sinais sacramentais! Louvado seja Deus e abençoada seja a Igreja, canal dessa graça para cada um de nós!